C++

Sommario

Premessa

Il linguaggio C++ è in continua evoluzione, tanto che spesso non è possibile fornire spiegazioni dettagliate di tutto il linguaggio in un unico libro. Questo libro insegnerà gli elementi essenziali del linguaggio C++ e le funzionalità della libreria standard, che saranno più che sufficienti per scrivere le tue applicazioni con C++. Con la conoscenza di questo libro, non dovresti avere difficoltà ad estendere la profondità e l'ambito della tua esperienza C++.

Abbiamo assunto che tu non abbia alcuna conoscenza di programmazione precedente. Se sei desideroso di imparare e hai un'attitudine a pensare in modo logico, acquisire familiarità con C++ sarà più facile di quanto potresti immaginare. Sviluppando competenze C++, imparerai un linguaggio che è già utilizzato da milioni di persone e che fornisce la capacità per lo sviluppo di applicazioni praticamente in qualsiasi contesto.

C++ è un linguaggio molto potente, probabilmente, è più potente della maggior parte dei linguaggi di programmazione. Quindi, sì, come con qualsiasi strumento potente puoi creare dei danni considerevoli se lo usi senza una preparazione adeguata. Spesso confrontiamo C++ con un coltellino svizzero: antico, affidabile, incredibilmente versatile ma potenzialmente sbalorditivo e superfici appuntite che potrebbero davvero farti del male. Tuttavia, dopo aver capito a cosa servono tutti i diversi strumenti e dopo aver appreso alcune regole, non dovrai più cercare un altro coltellino.

C++ oggi è molto più accessibile di quanto molti credano. Il linguaggio ha fatto molta strada dalla sua concezione quasi 40 anni fa e abbiamo imparato a maneggiare tutti i suoi strumenti nel modo più sicuro ed efficace possibile. E, cosa più importante forse, il linguaggio C++ e la sua libreria standard si sono evoluti di conseguenza per facilitare tutto ciò. L'ultimo decennio ha visto l'ascesa di quello che ora è noto come "C++ moderno" che enfatizza l'uso di funzionalità del linguaggio più recenti, più espressive e più sicure, combinate con best practice collaudate e linee guida di codifica.

Una volta che conosci e applichi una manciata di semplici regole e tecniche, C++ perde gran parte della sua complessità. La chiave è che qualcuno spieghi correttamente e gradualmente non semplicemente cosa puoi fare con C++ ma piuttosto cosa dovresti fare con C++. Ed è qui che entra in gioco questo libro! In questo libro, abbiamo fatto di tutto per essere in linea con la nuova era della programmazione C++ in cui viviamo. Ovviamente faremo tutto questo in forma graduale ed informale. Ti presenteremo tutti gli strumenti che C++ ha da offrire, sia vecchie che nuove, utilizzando esempi pratici di codifica ed esercizi.

Ma non è tutto: più che mai ci siamo assicurati di spiegare sempre quale strumento è meglio usare per quale scopo, perché è così e come evitare errori. Ci siamo assicurati che inizierai ad usare C++, dal primo giorno, utilizzando uno stile di programmazione sicuro, produttivo e moderno perchè è ciò che i datori di lavoro si aspettano da te domani. Il linguaggio C++ in questo libro corrisponde all'ultimo standard ISO (International Organization for

Standardization), comunemente indicato come C++ 20.

Per imparare il C++ con questo libro, avrai bisogno di un compilatore conforme allo standard C++ 20 e di un editor di testo adatto per lavorare con il codice del programma. Attualmente sono disponibili diversi compilatori che supportano, in una certa misura, le funzionalità di C++ 20, molti dei quali sono gratuiti. GCC e Clang sono compilatori open source gratuiti, con supporto per C++ 20. Installare questi compilatori e metterli insieme con un editor adatto può essere un po' complicato se sei nuovo in questo genere di cose.

Un modo semplice per installare un compilatore insieme a un editor adatto è scaricare un ambiente di sviluppo integrato (IDE) gratuito come Code::Blocks o Qt Creator. Tali IDE supportano lo sviluppo di un programma completo per diversi compilatori, inclusi GCC e Clang. Un'altra possibilità è utilizzare l'IDE commerciale di Microsoft Visual C++ che gira sotto Microsoft Windows. L'edizione Community è gratuita per uso individuale o anche per piccoli team professionisti e il suo supporto per C++ 20 è alla pari con GCC e Clang. Con Visual Studio ottieni un debugger e un editor professionale completo e facile da usare, oltre al supporto per altri linguaggi come C# e Javascript. Ci sono anche altri compilatori che supportano C++ 20, che puoi trovare con una rapida ricerca online.

Abbiamo organizzato il materiale in questo libro per essere letto in sequenza, quindi dovresti iniziare dall'inizio e continuare fino alla fine. Tuttavia, nessuno ha mai imparato a programmare semplicemente leggendo un libro. Imparerai a programmare in C++ solo scrivendo codice, quindi assicurati di provare tutti gli esempi, non copiarli semplicemente ma compila ed esegui il codice che hai digitato, integrandolo con ciò che hai imparato capitolo per capitolo. Questo può sembrare noioso a volte ma è sorprendente quanto la semplice digitazione delle istruzioni C++ ti aiuterà a capire, specialmente quando credi di non aver colto alcune delle idee.

Se un esempio non funziona, resisti alla tentazione di tornare subito al libro per capire perché. Cerca di capire dal tuo codice cosa c'è che non va, questa è una buona pratica per ciò che dovrai fare quando svilupperai applicazioni C++ per davvero. Fare errori è una parte fondamentale del processo di apprendimento e gli esercizi dovrebbero fornirti ampie opportunità per farlo ed è una buona idea inventare alcuni esercizi personali. Se non sei sicuro di come fare qualcosa, provalo prima di cercarlo, più errori commetti, maggiore sarà la comprensione che avrai di ciò che può andare storto. Assicurati di provare tutti gli esercizi e ricorda, non guardare le soluzioni finché non sei sicuro di non poterli elaborare da solo. La maggior parte di questi esercizi implica solo un'applicazione diretta di ciò che è trattato nel capitolo - in altre parole sono solo esercizi - ma alcuni richiedono anche un po' di impegno o forse anche ispirazione. Goditi questo viaggio con C++!

Capitolo 1: Evoluzione

Creato all'inizio degli anni '80 dallo scienziato informatico danese Bjarne Stroustrup, C++ è uno dei linguaggi di programmazione più antichi ancora in uso. Nonostante la sua età, tuttavia, il C++ è ancora potente, mantenendo costantemente la sua posizione tra i primi cinque nella maggior parte delle classifiche di popolarità per i linguaggi di programmazione.

Quasi tutti i tipi di programmi possono essere scritti in C++, dai driver di dispositivo ai sistemi operativi ai programmi per le buste paga e di natura amministrativa fino ai giochi. Principali sistemi operativi, browser, suite per ufficio, client di posta elettronica, lettori multimediali, sistemi di database: citandone uno a caso si ha un'alta probabilità che sia scritto almeno in parte in C++.

Soprattutto, C++ è più adatto per applicazioni in cui le prestazioni contano molto, come applicazioni che devono elaborare grandi quantità di dati, giochi per computer con grafica di fascia alta o app per dispositivi mobile o integrati. I programmi scritti in C++ sono molto più veloci di quelli scritti in altri linguaggi popolari, infatti, il linguaggio C++ è anche molto efficace per lo sviluppo di applicazioni su una vasta gamma di dispositivi e ambienti informatici, inclusi personal computer, workstation, computer mainframe, tablet e telefoni cellulari.

Il linguaggio di programmazione C++ può essere vecchio ma è ancora molto vivo e vegeto. O, meglio ancora: è di nuovo molto vivo e vegeto. Dopo lo sviluppo e la standardizzazione iniziale negli anni '80, C++ si è evoluto molto lentamente ed è rimasto sostanzialmente invariato per decenni.

Fino al 2011, quando l'ISO (International Organization for Standardization) ha rilasciato una nuova versione dello standard formale C++. Questa edizione dello standard, comunemente indicato come C++ 11, ha rianimato C++ e catapultato il linguaggio che era un po' datato nel 21° secolo. Ha modernizzato il linguaggio e il modo in cui lo usiamo così profondamente che potresti quasi chiamarlo C++ 11 cioè un linguaggio completamente nuovo. La programmazione che utilizza le funzionalità di C++ 11 e versioni successive viene definita C++ moderno.

In questo libro, ti mostreremo che il C++ moderno è molto di più che abbracciare semplicemente le nuove funzionalità del linguaggio: espressioni lambda, deduzione automatica del tipo e nuovi cicli for, per citarne alcune. Più di ogni altra cosa, C++ moderno riguarda i nuovi modi di programmazione, il consenso di ciò che costituisce un buon stile di programmazione. Si tratta di applicare una serie implicita di linee guida e best practice, tutte progettate per rendere la programmazione C++ più semplice, meno soggetta a errori e più produttiva.

Uno stile di programmazione C++ moderno e sicuro sostituisce i tradizionali costrutti di linguaggio di basso livello con l'uso di contenitori, puntatori intelligenti o altre tecniche RAII, enfatizza le eccezioni per segnalare errori, passa oggetti per valore in modo diverso e così via. Naturalmente, tutto questo probabilmente significa poco o niente per te ma non preoccuparti: in questo libro introdurremo gradualmente tutto ciò che devi sapere per programmare in C++!

Lo standard C++ 11 sembra anche aver rianimato la comunità C++, che da allora ha lavorato attivamente per estendere e migliorare ulteriormente il linguaggio. Ogni tre anni viene pubblicata una nuova versione dello standard. Dopo C++ 11 sono arrivati C++ 14, C++ 17 e, più recentemente, C++ 20. Dopo gli aggiornamenti incrementali e meno importanti di C++ 14 e C++ 17, C++ 20 è di nuovo una pietra miliare importante. Come C++ 11 ha fatto dieci anni fa, C++ 20 cambierà di nuovo per sempre il modo in cui programmiamo in C++. In particolare, per chi inizia C++ oggi, tutto ciò che è stato introdotto punta a rendere il linguaggio più semplice, più elegante e più accessibile che mai. Questo libro si riferisce a C++ come definito da C++ 20. Tutto il codice dovrebbe funzionare su qualsiasi compilatore conforme all'edizione C++ 20 dello standard.

La buona notizia è che la maggior parte dei principali compilatori lavora sodo per tenere il passo con tutti gli ultimi sviluppi, quindi se il tuo compilatore non supporta ancora una caratteristica particolare, lo farà presto.

Librerie standard

Se dovessi creare tutto da zero ogni volta che scrivi un programma, sarebbe davvero noioso. La stessa funzionalità è richiesta in molti programmi: leggere i dati dalla tastiera, calcolare una radice quadrata, ordinare i record di dati in una sequenza particolare e così via. C++ viene fornito con una grande quantità di codice prescritto che fornisce servizi come questi in modo da non dover scrivere il codice da soli. Tutto questo codice standard è definito nella Standard Library.

Questa libreria standard è un'enorme raccolta di routine e definizioni che forniscono funzionalità richieste da molti programmi come calcoli numerici, elaborazione di stringhe, ordinamento e ricerca, organizzazione e gestione dei dati e input e output. La libreria standard è così vasta che in questo libro scalfiremo solo la superficie di ciò che è disponibile, hai davvero bisogno di diversi libri per elaborare completamente tutte le funzionalità che fornisce.

Data la portata del linguaggio e l'estensione della libreria, non è insolito per un principiante trovare il C++ un po' scoraggiante. È troppo vasto da imparare nella sua interezza da un solo libro. Tuttavia, non è necessario imparare tutto il C++ per essere in grado di scrivere programmi sostanziali. Puoi avvicinarti al linguaggio passo dopo passo, nel qual caso non è davvero difficile. Un'analogia potrebbe essere imparare a guidare una macchina: puoi certamente diventare un guidatore competente e sicuro senza necessariamente avere la competenza, la conoscenza e l'esperienza per guidare nella 500 Miglia di Indianapolis. Con questo libro puoi imparare tutto ciò di cui hai bisogno per programmare efficacemente in C++. Quando raggiungerai la fine, scriverai con sicurezza le tue applicazioni e sarai anche ben attrezzato per esplorare le potenzialità di C++ e della sua libreria standard.

Capitolo 2: Rappresentare i numeri

Una variabile è un pezzo di memoria con nome definito dall'utente e ogni variabile memorizza solo i dati di un tipo particolare. Ogni variabile ha un tipo che definisce il tipo di dati che può memorizzare e ogni tipo fondamentale è identificato da un nome di tipo univoco costituito da una o più parole chiave.

Le parole chiave sono parole riservate in C++ che non puoi usare per nient'altro. Il compilatore esegue controlli approfonditi per assicurarsi di utilizzare il tipo di dati corretto in un determinato contesto. Esso garantirà inoltre che quando si combinano tipi diversi in un'operazione come l'addizione di due valori, ad esempio, essi siano dello stesso tipo o possano essere compatibili convertendo un valore nel tipo dell'altro. Il compilatore rileva e segnala i tentativi di combinare dati di tipi diversi e incompatibili.

I valori numerici rientrano in due ampie categorie: numeri interi, che sono numeri senza la virgola e valori in virgola mobile. Esistono diversi tipi C++ fondamentali in ciascuna categoria, ognuno dei quali può memorizzare un intervallo di valori specifico. Inizieremo con i tipi interi.

Interi

Ecco un'istruzione che definisce una variabile intera:

```
int conta_mele;
```

Questo definisce una variabile di tipo int con il nome conta_mele. La variabile conterrà un valore arbitrario. Puoi, e dovresti, specificare un valore iniziale quando definisci la variabile, in questo modo:

```
int conta_mele {15}; // Numero di mele
```

Il valore iniziale di conta_mele appare tra le parentesi graffe dopo il nome, quindi ha valore pari a 15. Le parentesi graffe che racchiudono il valore iniziale sono chiamate parentesi inizializzatrici. Più avanti nel libro incontrerai situazioni in cui un inizializzatore con parentesi graffe avrà diversi valori tra le parentesi graffe.

Non è necessario inizializzare le variabili quando le definisci, ma è una buona idea farlo. Garantire che le variabili abbiano valori noti rende più facile capire cosa non va quando il codice non funziona come previsto.

La dimensione delle variabili di tipo `int` è tipicamente di quattro byte, quindi possono memorizzare numeri interi compresi tra −2.147.483.648 e +2.147.483.647. Questo copre la maggior parte delle situazioni, motivo per cui `int` è il tipo intero utilizzato più di frequente. Ecco le definizioni per tre variabili di tipo `int`:

```
int conta_mele {15}; // Numero di mele
int conta_arance {5}; // Numero di
arance
int totale_frutta{conta_mele +
conta_arance}; // Numero totale di
frutti
```

Il valore iniziale di `totale_frutta` è la somma dei valori di due variabili definite in precedenza. Ciò dimostra che il valore iniziale di una variabile può essere un'espressione. Le istruzioni che definiscono le due variabili nell'espressione per il valore iniziale di `totale_frutta` devono apparire in precedenza nel file di origine; in caso contrario, la definizione di `totale_frutta` non verrà compilata.

Esistono altri due modi per inizializzare una variabile: notazione funzionale e notazione di assegnazione. Questi assomigliano a questo (sì, anche il pomodoro è un frutto):

```
int conta_limoni(4); // Notazione
funzionale
int conta_pomodori = 12; // Notazione di
assegnamento
```

Il più delle volte, queste tre notazioni (parentesi graffe, funzionale e notazione di assegnazione) sono equivalenti. Il modulo di inizializzazione con le parentesi graffe, tuttavia, è leggermente più sicuro quando si tratta di cosiddette "conversioni narrow". Una conversione narrow modifica un valore in un tipo con un intervallo di valori più limitato.

Qualsiasi conversione di questo tipo potrebbe comportare una perdita di informazioni. Ecco un esempio:

```
int conta_banane(7.5); // Compila senza
errori
int conta_manderini = 5.3; // Compila
senza errori
```

Normalmente, il valore iniziale che fornisci sarà dello stesso tipo della variabile che stai definendo. Se non lo è, tuttavia, il compilatore proverà a convertirlo nel tipo richiesto. Nel nostro esempio precedente, abbiamo specificato valori iniziali non interi per due variabili intere. Per ora ti basta sapere che le

variabili `conta_banane` e `conta_manderini`
conterranno i valori interi 7 e 5,
rispettivamente.

È improbabile che questo sia ciò che l'autore
aveva in mente, tuttavia, per quanto riguarda
lo standard C++, queste due definizioni sono
perfettamente valide.

Sebbene alcuni compilatori emettano un
avviso su tale restringimento delle
conversioni, sicuramente non tutti lo fanno. Se
si utilizza il modulo di inizializzazione con
parentesi graffe, tuttavia, è necessario un
compilatore conforme per emettere almeno
un messaggio di diagnostica. Per esempio:

```
int conta_papaya {0.3}; // Almeno un
avviso del compilatore, spesso un errore
```

Se questa istruzione viene compilata, la
variabile verrà inizializzato al valore intero 0
ma almeno il compilatore ti avrà avvertito che

qualcosa potrebbe non funzionare correttamente. Alcuni compilatori emettono persino un errore e si rifiutano di compilare del tutto tali definizioni.

Riteniamo che tale conversione non meriti di passare inosservata, poiché spesso è un errore. In questo libro consigliamo la sintassi dell'inizializzatore con parentesi graffe. Questa è la sintassi più recente introdotta in C++ 11 specificamente per standardizzare l'inizializzazione. Oltre a fornire migliori garanzie di sicurezza quando si tratta di conversioni, il suo vantaggio principale è che consente di inizializzare quasi tutto nello stesso modo, motivo per cui viene anche comunemente definito inizializzazione uniforme.

A volte potresti voler definire variabili con valori che sono fissi e non devono essere modificati. Si utilizza la parola chiave const nella definizione di una variabile che non deve essere modificata. Tali variabili vengono spesso definite costanti. Ecco un esempio:

```
const unsigned conta_dieci {10}; // Un
intero senza segno che ha valore 10
```

La parola chiave `const` dice al compilatore che il valore di `conta_dieci` non deve essere modificato. Qualsiasi istruzione che tenti di modificare questo valore verrà contrassegnata come errore durante la compilazione! È possibile utilizzare la parola chiave `const` per correggere il valore di variabili di qualsiasi tipo.

Probabilmente avrai notato la parola chiave `unsigned`. Naturalmente, ci sono circostanze in cui non è necessario memorizzare numeri negativi. Il numero di studenti in una classe o il numero di soci in un'assemblea è sempre un numero intero positivo. È possibile specificare tipi interi che memorizzano solo valori non negativi anteponendo a uno dei nomi dei tipi interi con segno la parola chiave unsigned, ad esempio tipi unsigned char o unsigned short o unsigned int, ad esempio. Ogni tipo unsigned è un tipo diverso dal tipo signed ma occupa la stessa quantità di memoria.

Floating-point

Si utilizzano variabili a virgola mobile ogni volta che si desidera lavorare con valori non interi. Esistono tre tipi di dati in virgola mobile:

- float
- double
- long double

Come spiegato in precedenza, il termine precisione si riferisce al numero di cifre significative nella mantissa. I tipi sono in ordine crescente di precisione, con float che fornisce il numero più basso di cifre nella mantissa e long double il più alto.

La precisione determina solo il numero di cifre nella mantissa. L'intervallo di numeri che può essere rappresentato da un particolare tipo è determinato dall'intervallo di possibili esponenti. La precisione e l'intervallo di valori non sono prescritti dallo standard C++, quindi ciò che ottieni con ogni tipo dipende dal tuo compilatore.

E questo, a sua volta, dipenderà dal tipo di processore utilizzato dal computer e dalla rappresentazione in virgola mobile che utilizza. Lo standard garantisce che il tipo `long double` fornirà una precisione non inferiore a quella del tipo `double` e il tipo `double` fornirà una precisione non inferiore a quella del tipo `float`. Praticamente tutti i compilatori e le architetture di computer oggi, tuttavia, usano numeri in virgola mobile e aritmetica come specificato dallo standard IEEE.

Normalmente, `float` fornisce quindi sette cifre decimali di precisione (con una mantissa di 23 bit), `double` quasi 16 cifre (mantissa a 52 bit). Per il `long double`, dipende dal tuo compilatore: con la maggior parte dei compilatori principali fornisce da 18 a 19 cifre di precisione (mantissa a 64 bit), ma con altri (in particolare Microsoft Visual C++) è preciso quanto `double`.

Di seguito sono riportate alcune istruzioni che definiscono le variabili a virgola mobile:

```
float pi {3.1415926f}; // Valore di pi
greco
double inch_a_mm {25.4};
long double radice_quadrata
{1.4142135623730950488L}; // Radice
quadrata di 2
```

Come puoi vedere, definisci le variabili a virgola mobile proprio come le variabili intere. Il tipo `double` è più che adeguato nella maggior parte delle circostanze.

In genere si utilizza il `float` solo quando la velocità o la dimensione dei dati è davvero essenziale. Se usi il `float`, però, devi sempre stare attento che la perdita di precisione sia accettabile per la tua applicazione.

Capitolo 3: Rappresentare stringhe

Le variabili di tipo `char` vengono utilizzate principalmente per memorizzare un codice per un singolo carattere e occupano un byte. Lo standard C++ non specifica la codifica dei caratteri da utilizzare per il set di caratteri di base, quindi in linea di principio questo dipende dal particolare compilatore, ma di solito è ASCII. Definisci le variabili di tipo `char` allo stesso modo delle variabili degli altri tipi che hai visto. Ecco un esempio:

```
char letter; // Non inizializzato,
quindi valore inutile
char yes {'Y'}, no {'N'}; //
Inizializzato con caratteri letterali
char ch {33}; // Inizializzatore intero
equivalente a "!"
```

È possibile inizializzare una variabile di tipo `char` con un carattere letterale tra virgolette singole o un numero intero. Un inizializzatore intero deve essere compreso nell'intervallo del tipo `char` — ricorda, dipende dal compilatore se è un tipo con segno o senza segno. Ovviamente, puoi specificare un carattere come una delle sequenze di escape, esistono anche sequenze di escape che specificano un carattere in base al suo codice espresso come valore ottale o esadecimale.

La sequenza di escape per un codice di caratteri ottali è composta da una a tre cifre ottali precedute da una barra rovesciata mentre per caratteri esadecimali è una o più cifre esadecimali precedute da `\x`. Ad esempio, la lettera `"A"` potrebbe essere scritta come `"\x41"` esadecimale in ASCII. Ovviamente, potresti scrivere codici che non rientrano in un singolo byte, nel qual caso il risultato è definito dall'implementazione.

Le variabili di tipo char sono numeriche; dopotutto, memorizzano codici interi che rappresentano i caratteri. Possono quindi partecipare a espressioni aritmetiche, proprio come le variabili di tipo int o long. Ecco un esempio:

```
char ch {'A'};
char lettera {ch + 2}; // lettera è pari
a 'C'
++ch; // ch è stato incrementato di 1
unità quindi è 'B'
ch += 3; // ch è stato aumentato di 3
unità quindi è 'E'
```

Quei simboli ++ e += ti hanno indimidito? Non ti preoccupare si tratta semplicemente di addizioni. Il primo simbolo recupera il valore e lo incrementa di un'unità mentre il secondo equivale a scrivere:

```
ch = ch + 3;
```

Hai visto come inserire un operatore ++ (è lo stesso per --) prima della variabile a cui si applica. Questa è chiamata forma prefissa dell'operatore. Puoi anche metterli dopo una variabile, chiamata forma postfissa ma l'effetto è leggermente diverso. Prova a scoprirlo da solo.

Come stampare a video?

Quando scrivi una variabile `char` usando `cout` o `format()`, per impostazione predefinita viene visualizzata come un carattere, non come un numero intero. Se vuoi vederlo come un valore numerico con `cout`, non hai altra scelta che effettuare una conversione prima su un intero. Con `format()`, puoi invece formattare il carattere usando la formattazione binaria (b), decimale (d) o esadecimale (x). Ecco un esempio:

```
std::cout << std::format("ch è '{0}', il
cui codice è {0:#x}\n", ch);
```

Il risultato sarà:

```
ch è 'E', il cui codice è 0x45
```

Abbiamo utilizzato gli indici degli argomenti (0) per formattare lo stesso valore di carattere due volte: una con la formattazione predefinita e una con la forma alternativa (#) della formattazione esadecimale minuscola (x). Quando si utilizza >> per leggere da un flusso in una variabile di tipo char, verrà memorizzato il primo carattere non bianco.

Ciò significa che non puoi leggere i caratteri di spazio in questo modo; vengono semplicemente ignorati. Inoltre, non puoi leggere un valore numerico in una variabile di tipo char; se ci provi, verrà memorizzato il codice carattere per la prima cifra.

Verifica le tue competenze

1) Crea un programma che converta pollici in cm e viceversa. Nel caso in cui tu non abbia familiarità con le unità imperiali: 1 pollice equivale a 2,54 cm. Un input di 55 pollici, ad esempio, dovrebbe quindi produrre un output di 139,7 cm. Chiedi all'utente di inserire un valore intero corrispondente al numero di pollici, quindi effettuare la conversione e produrre il risultato.

2) Scrivi un programma che calcoli l'area di un cerchio. Il programma dovrebbe richiedere l'inserimento del raggio del cerchio dalla tastiera. Calcola l'area utilizzando la formula area = pi * raggio * raggio, quindi visualizza il risultato.

- N.B: Input e output vengono eseguiti utilizzando flussi e comportano l'uso degli operatori di inserimento ed estrazione, `<<` e `>>`. `std::cin` è un flusso di input standard che corrisponde alla tastiera. `std::cout` è un flusso di output standard per la scrittura di testo sullo schermo. Entrambi sono definiti nel modulo `<iostream>` della Standard Library.

Capitolo 4: Operatori

Sai già che esiste una sequenza di priorità per l'esecuzione di operatori aritmetici in un'espressione. In generale, la sequenza in cui vengono eseguiti gli operatori in un'espressione è determinata dalla precedenza degli operatori.

La precedenza degli operatori è solo un termine di fantasia per indicare la priorità di un operatore. Alcuni operatori, come l'addizione e la sottrazione, hanno la stessa precedenza. Ciò solleva la questione di come viene valutata un'espressione come a+b-c+d. Quando più operatori di un gruppo con la stessa precedenza compaiono in un'espressione, in assenza di parentesi, l'ordine di esecuzione è determinato dall'associatività del gruppo.

Un gruppo di operatori può essere associativo a sinistra, il che significa che gli operatori vengono eseguiti da sinistra a destra, oppure possono essere associativi a destra, il che significa che vengono eseguiti da destra a sinistra. Quasi tutti i gruppi di operatori sono associativi a sinistra, quindi la maggior parte delle espressioni che coinvolgono operatori con uguale precedenza vengono valutate da sinistra a destra.

Gli unici operatori associativi a destra sono tutti gli operatori unari, i vari operatori di assegnazione e l'operatore condizionale. La tabella seguente mostra la precedenza e l'associatività di tutti gli operatori in C++:

Precedenza	Operatore	Associatività
1	: :	Sinistra
2	() [] ->	Sinistra
3	! ~	Destra
4	.* ->*	Sinistra
5	* / %	Sinistra
6	+ e - binari	Sinistra

7	<< >>	Sinistra
8	<=>	Sinistra
9	< <= > >=	Sinistra
10	== !=	Sinistra
11	&	Sinistra
12	^	Sinistra
13	|	Sinistra
14	&&	Sinistra
15	||	Sinistra
16	?: = *= += -=	Destra

Non hai ancora incontrato la maggior parte di questi operatori ma quando ti chiederai conoscere la precedenza e l'associatività di uno di essi, saprai dove trovarlo.

Vediamo un semplice esempio per assicurarci che sia chiaro come funziona tutto questo. Considera questa espressione:

```
x * y / z - b + c - d
```

Gli operatori * e / sono nello stesso gruppo con precedenza maggiore del gruppo contenente + e -, quindi l'espressione x * y /

45

z viene valutata per prima, con un risultato che chiamiamo r. Gli operatori nel gruppo che contiene * e / sono associativi a sinistra, quindi l'espressione viene valutata come se fosse (x * y) / z. Il passo successivo è la valutazione di r - b + c - d.

Anche il gruppo contenente gli operatori + e - è associativo a sinistra, quindi sarà valutato come ((r - b) + c) - d. Pertanto, l'intera espressione viene valutata come se fosse scritta come segue:

```
( ( ( (x * y) / z) - b) + c) - d
```

Ricorda, le parentesi annidate vengono valutate in sequenza dalla più interna alla più esterna. Probabilmente non sarai in grado di ricordare la precedenza e l'associatività di ogni operatore, almeno non finché non avrai passato molto tempo a scrivere codice C++.

Ogni volta che sei incerto, puoi sempre aggiungere parentesi per assicurarti che le cose vengano eseguite nella sequenza che desideri. E anche quando sei sicuro (perché sei un guru della precedenza), non fa mai male aggiungere alcune parentesi extra per chiarire un'espressione complessa.

Capitolo 5: Confronti

Il processo decisionale è fondamentale per qualsiasi tipo di programmazione informatica ed è una delle cose che differenzia un computer da una calcolatrice. Significa alterare la sequenza di esecuzione a seconda del risultato di un confronto.

In questo capitolo esplorerai come effettuare scelte e decisioni. Ciò consentirà di convalidare l'input del programma e scrivere programmi che possono adattare le proprie azioni a seconda dei dati di input. I tuoi programmi saranno in grado di gestire problemi in cui la logica è fondamentale per la soluzione.

In questo capitolo imparerai:

- Come confrontare i valori dei dati
- Come modificare la sequenza di esecuzione del programma in base al risultato di un confronto
- Cosa sono gli operatori logici e le espressioni e come li applichi
- Come gestire la scelta multipla situazioni

Per prendere decisioni, è necessario un meccanismo per confrontare gli elementi e ci sono diversi tipi di confronti. Ad esempio, una decisione come "Se il semaforo è rosso, ferma l'auto" implica un confronto per l'uguaglianza. Si confronta il colore del segnale con un colore di riferimento, il rosso, e se sono uguali si ferma l'auto.

D'altra parte, una decisione del tipo "Se la velocità dell'auto supera il limite, rallenta" implica una relazione diversa. Qui si controlla se la velocità dell'auto è maggiore del limite di velocità attuale. Entrambi questi confronti sono simili in quanto danno luogo a uno dei due valori: sono veri o falsi. Questo è esattamente il modo in cui funzionano i confronti in C++. È possibile confrontare i valori dei dati utilizzando due nuovi set di operatori, ovvero gli operatori relazionali e di uguaglianza. La tabella elenca i sei operatori per confrontare due valori:

Operatore	Significato
<	Minore di
<=	Minore o uguale a
>	Maggiore di
>=	Maggiore o uguale a
==	Uguale a
!=	Diverso da

Presta attenzione, l'operatore uguale a, ==, ha due segni di uguale consecutivi e non si tratta dell'operatore di assegnazione, =, che consiste in un unico segno di uguale. È un errore comune tra i principianti usare un segno di uguale invece di due per confrontare l'uguaglianza. Ciò non risulterà necessariamente in un messaggio di avviso dal compilatore perché l'espressione potrebbe essere valida ma non è quella che si intendeva, quindi è necessario prestare particolare attenzione per evitare questo errore.

Ciascuno degli operatori nella tabella confronta due valori e restituisce un valore di tipo `bool`. Ci sono solo due possibili valori `bool`, vero e falso infatti `true` e `false` sono parole chiave e sono letterali di tipo `bool`. A volte sono chiamati letterali booleani (da George Boole, il padre dell'algebra booleana). Crei variabili di tipo bool proprio come gli altri tipi fondamentali. Ecco un esempio:

```
bool valido {true}; // Definisci e
inizializza una variabile logica su true
```

Questo definisce la variabile `valido` come tipo `bool` con un valore iniziale di `true`. Se inizializzi una variabile `bool` usando parentesi graffe vuote, `{}`, il suo valore iniziale è falso:

```
bool corretto {}; // Definisce e
inizializza una variabile logica su
false
```

Sebbene l'uso esplicito di `{false}` potrebbe probabilmente migliorare la leggibilità del codice, è bene ricordare che dove le variabili numeriche sono inizializzate a zero, ad esempio, quando si utilizza `{}`, le variabili booleane verranno inizializzate su `false`.

Applicare gli operatori

Puoi vedere come funzionano i confronti guardando alcuni esempi. Supponiamo di avere variabili intere `i` e `j`, rispettivamente con valori 10 e –5. Considera le seguenti espressioni:

```
i > j; i != j; j > -8; i <= j + 15;
```

Tutte queste espressioni restituiscono `true`. Si noti che nell'ultima espressione, l'addizione, `j + 15`, viene eseguita per prima perché `+` ha una precedenza maggiore di `<=`. È possibile memorizzare il risultato di una qualsiasi di queste espressioni in una variabile di tipo `bool`. Ecco un esempio:

```
valido = i > j;
```

Se i è maggiore di j, viene memorizzato true in valido; in caso contrario, viene memorizzato false.

Puoi anche confrontare i valori memorizzati nelle variabili dei tipi di carattere. Supponiamo di definire le seguenti variabili:

```
char primo {'A'};
char ultimo {'Z'};
```

Puoi scrivere confronti usando queste variabili:

```
primo < ultimo; 'E' <= primo; primo !=
ultimo;
```

Qui stai confrontando i valori del codice (ricorda che i caratteri sono mappati in codici interi usando schemi di codifica standard come ASCII e Unicode). La prima espressione controlla se il valore di primo, che è "A", è minore del valore di ultimo, che è "Z". Questo è sempre vero. Il risultato della seconda espressione è falso perché il valore del codice per "E" è maggiore del valore del `primo`. L'ultima espressione è vera, perché "A" non è assolutamente uguale a "z".

Come vedi, puoi generare valori `bool` con la stessa facilità di qualsiasi altro tipo. Ecco un esempio che mostra come appaiono per impostazione predefinita:

```cpp
import < iostream > ;
int main() {
  char primo {}; // Memorizza il primo
carattere
  char secondo {}; // Memorizza il
secondo carattere
  std::cout << "Inserisci un carattere:
";
  std::cin >> primo;
  std::cout << "Inserisci un secondo
carattere: ";
  std::cin >> secondo;
  std::cout << "Il valore
dell'espressione è " << primo << '<' <<
secondo <<
    " è " << (primo < secondo) <<
std::endl;
```

```
std::cout << "Il valore
dell'espressione è " << primo << "==" <<
secondo <<
    " è " << (primo == secondo) <<
std::endl;
}
```

La richiesta di input e la lettura dei caratteri dalla tastiera è una pratica standard che hai visto prima. Nota che le parentesi attorno alle espressioni di confronto nell'istruzione di output sono necessarie qui. Se le ometti, il compilatore restituisce un messaggio di errore (per capire perché dovresti rivedere le regole di precedenza degli operatori dall'inizio del capitolo precedente).

Le espressioni confrontano il primo e il secondo carattere immesso dall'utente. Dall'output è possibile vedere che il valore `true` viene visualizzato come 1 e il valore `false` viene visualizzato come 0 infatti queste sono le rappresentazioni predefinite per `true` e `false`. È possibile rendere i valori `bool` in uscita come vero e falso utilizzando il manipolatore `std::boolalpha`. Basta aggiungere questa istruzione da qualche parte prima delle ultime quattro righe della funzione `main()`:

```
std::cout << std::boolalpha;
```

Se compili ed esegui di nuovo l'esempio, ottieni valori `bool` visualizzati come vero o falso. Per riportare l'output dei valori `bool` all'impostazione predefinita, ti basta inserire il manipolatore `std::noboolalpha` nel flusso. In alternativa, puoi semplicemente usare le funzionalità del modulo `<format>` per comporre la stringa di output.

`std::format()` restituisce `true` e `false` per i booleani per impostazione predefinita ed è privo di problemi di precedenza degli operatori. Porta anche ad un codice più leggibile perché il testo stesso non è più intercalato con gli operatori di streaming.

```
std::cout << std::format("Il valore
dell'espressione è {} < {} è {}\n",
primo, secondo, primo < secondo);
```

```
std::cout << std::format("Il valore
dell'espressione è {} == {} è {}\n",
primo, secondo, primo < secondo);
```

Spaceship

In C++ 20, un nuovo operatore è stato aggiunto al linguaggio per confrontare i valori: l'operatore di confronto a tre vie, indicato con <=>. Questo nuovo operatore è meglio conosciuto usando il suo nome informale: operatore astronave o spaceship. Questo soprannome deriva dal fatto che la sequenza di caratteri <=> assomiglia in qualche modo a un disco volante e, in un certo senso, <=> si comporta come <, == e > tutti compressi in uno solo.

In poche parole, a <=> b determina, in una singola espressione, se a è minore, uguale o maggiore di b. Tuttavia, è più semplice spiegare il funzionamento di base di <=> tramite del codice. L'esempio seguente legge un numero intero e quindi utilizza `<=>` per confrontare quel numero con zero:

```cpp
import <compare>; // Richiesto quando si
utilizza l'operatore <=> (anche per i
tipi fondamentali)
import <format>;
import <iostream>;
int main()
{
 std::cout << "Per favore inserisci un
numero: ";
 int valore;
 std::cin >> valore;
 std::strong_ordinamento ordinamento{
valore <=> 0 };
 std::cout << std::format("valore < 0:
{}\n", ordinamento ==
std::strong_ordinamento::less);
 std::cout << std::format("valore > 0:
{}\n", ordinamento ==
std::strong_ordinamento::greater);
 std::cout << std::format("valore == 0:
{}\n", ordinamento ==
std::strong_ordinamento::equal);
}
```

Per gli operandi interi, l'operatore `<=>` restituisce un valore di tipo `std::strong_ordering`, un tipo che per la maggior parte funge da tipo di enumerazione con possibili valori minore, maggiore e uguale. In base al valore dell'ordine, è quindi possibile determinare come viene ordinato il valore rispetto al numero zero. A questo punto potresti chiederti: qual è lo scopo di questo operatore? E giustamente così.

Come con tutti gli incontri alieni, l'operatore astronave appare inizialmente un po' strano e sconcertante. Richiede meno digitazione ed è altrettanto efficiente, infatti, quando si confrontano variabili di tipi fondamentali, l'operatore <=> ha poco o nessun senso. Il confronto di variabili di tipi più complessi, tuttavia, può essere costoso. Può quindi essere vantaggioso confrontarli solo una volta invece di due o tre volte.

Capitolo 6: Prendere decisioni

if

L'istruzione `if` di base consente di scegliere di eseguire una singola istruzione, o un blocco di istruzioni, quando una data condizione è vera. Ecco un esempio di un'istruzione `if` che verifica il valore di una variabile di tipo `char`, chiamata `lettera`:

```
if (lettera == 'A')
  std::cout << "La prima lettera
maiuscola, in ordine alfabetico.\n"; //
Solo se la lettera è uguale a "A"

std::cout << "Questa istruzione viene
sempre eseguita.\n";
```

Se la lettera ha il valore 'A', la condizione è vera e queste istruzioni stamperanno entrambe le frasi. Se il valore della lettera non è uguale a "A", nell'output viene visualizzata solo la seconda riga.

Metti la condizione da testare tra parentesi immediatamente dopo la parola chiave, `if`. Adottiamo la convenzione di aggiungere uno spazio tra `if` e le parentesi (per differenziare visivamente dalle chiamate di funzione), ma non è richiesto e come al solito, il compilatore ignorerà tutti gli spazi.

L'istruzione che segue `if` è indentata per indicare che viene eseguita solo come risultato della condizione vera. L'indentazione non è necessaria per la compilazione del programma ma aiuta a riconoscere la relazione tra la condizione `if` e l'istruzione che dipende da essa.

Non inserire mai un punto e virgola (`;`) subito dopo la condizione dell'istruzione `if`. Sfortunatamente, così facendo, il codice viene compilato senza errori (nella migliore delle ipotesi, il compilatore emetterà un avviso), ma non significa affatto ciò che volevi. Il punto e virgola sulla prima riga risulta in una cosiddetta istruzione vuota o istruzione nulla.

I punti e virgola superflui, e quindi le istruzioni vuote, possono apparire praticamente ovunque all'interno di una serie di istruzioni. Di solito, tali dichiarazioni vuote non hanno alcun effetto ma quando viene aggiunto immediatamente dopo la condizione `if`, un punto e virgola lega l'istruzione che viene eseguita se la condizione restituisce `true`.

Tutte le istruzioni nel blocco verranno eseguite quando la condizione `if` è vera. Senza le parentesi graffe, solo la prima istruzione dopo `if` sarebbe eseguita. Puoi avere tutte le dichiarazioni che desideri all'interno del blocco; puoi anche avere blocchi annidati. Se e quando la lettera ha il valore "A", verranno eseguite entrambe le istruzioni all'interno del blocco. Nessuna di queste istruzioni viene eseguita se la condizione è falsa. L'istruzione che segue il blocco viene sempre eseguita.

Se esegui il cast di `true` su un tipo intero, il risultato sarà 1; la conversione di `false` in un numero intero restituisce 0. Al contrario, è anche possibile convertire i valori numerici nel tipo `bool`. Zero è convertito in falso e qualsiasi valore diverso da zero viene convertito in vero. Quando si dispone di un valore numerico in cui è previsto un valore `bool`, il compilatore inserirà una conversione implicita per convertire il valore numerico nel tipo `bool`. Questo è utile nel codice decisionale.

if-else

L'istruzione `if` che hai utilizzato esegue un'istruzione o un blocco di istruzioni se la condizione specificata è vera. L'esecuzione del programma continua quindi con l'istruzione successiva in sequenza. Naturalmente, potresti voler eseguire un blocco di istruzioni quando la condizione è vera e un altro insieme quando la condizione è falsa. Un'estensione dell'istruzione `if` chiamata istruzione `if-else` lo consente.

La combinazione `if-else` offre una scelta tra due opzioni. Puoi sempre utilizzare un blocco di istruzioni ovunque tu possa inserire una singola dichiarazione. Ciò consente l'esecuzione di un numero qualsiasi di istruzioni per ciascuna opzione in un'istruzione `if-else`. È possibile scrivere un'istruzione `if-else` che riporti se il carattere memorizzato nella lettera della variabile `char` era alfanumerico oppure no:

```
if (std::isalnum(lettera))
{
  std::cout << "E' una lettera o un
numero." << std::endl;
}
else
{
  std::cout << "Non è nè una lettera nè
un numero." << std::endl;
}
```

Questo codice usa la funzione `isalnum()` dall'intestazione C `<cctype>` che hai visto. Se `lettera` contiene una lettera o una cifra, `isalnum()` restituisce un numero intero positivo. Questo verrà convertito implicitamente in un valore `bool`, che sarà vero, quindi viene visualizzato il primo messaggio. Se `lettera` contiene qualcosa di diverso da una lettera o una cifra, `isalnum()` restituisce 0, che viene convertito in `false`, quindi viene eseguita l'istruzione di output dopo `else`.

Anche in questo caso le parentesi graffe non sono obbligatorie perché contengono singole affermazioni, ma il tuo codice sarà più chiaro se le inserisci. L'indentazione nei blocchi è un indicatore visibile della relazione tra le varie istruzioni e così puoi vedere chiaramente quale istruzione viene eseguita per un risultato vero e quale viene eseguita se falso.

Dovresti sempre indentare le istruzioni nei tuoi programmi per mostrare la loro struttura logica.

Operatore condizionale

L'operatore condizionale è talvolta chiamato operatore ternario perché coinvolge tre operandi, l'unico operatore a farlo. È parallelo all'istruzione if-else, in quanto invece di selezionare uno dei due blocchi di istruzioni da eseguire a seconda di una condizione, seleziona il valore di una delle due espressioni. Pertanto, l'operatore condizionale consente di scegliere tra due valori. Consideriamo un esempio. Supponiamo di avere due variabili, a e b, e di voler assegnare il valore della maggiore delle due a una terza variabile, c. La seguente dichiarazione farà questo:

```
c = a > b ? a : b; // Imposta c al
valore più alto tra a e b
```

L'operatore condizionale ha un'espressione logica come primo operando, in questo caso a > b. Se questa espressione è vera, il secondo operando, in questo caso a, viene selezionato come valore risultante dall'operazione. Se il primo operando è falso, il terzo operando, in questo caso b, viene selezionato come valore.

Pertanto, il risultato dell'espressione condizionale è a nel caso in cui a è maggiore di b, b altrimenti. Questo valore è memorizzato in c. L'istruzione di assegnazione è equivalente all'istruzione if:

```
if (a > b)
{
  c = a;
}
else
{
  c = b;
}
```

switch

Ti trovi spesso di fronte a una situazione a scelta multipla in cui devi eseguire un particolare insieme di istruzioni da un numero di scelte (cioè più di due), a seconda del valore di una variabile intera o di un'espressione.

L'istruzione `switch` consente di selezionare tra più scelte. Le scelte sono identificate da un insieme di valori interi o di enumerazione fissi e la selezione di una particolare scelta è determinata dal valore di un dato numero intero o costante. Le scelte in un'istruzione switch sono chiamate "case".

Una lotteria in cui vinci un premio in base al tuo numero di arrivo è un esempio di dove potrebbe essere applicato. Compri un biglietto numerato e, se sei fortunato, vinci un premio.

Ad esempio, se il numero del tuo biglietto è 147, vinci il primo premio; se è 387, puoi richiedere il secondo premio e il biglietto 29 ti dà un terzo premio; qualsiasi altro numero di biglietto non vince nulla.

L'istruzione `switch` per gestire questa situazione avrebbe quattro casi: uno per ciascuno dei numeri vincenti, più un caso "predefinito" per tutti i numeri perdenti.

Ecco un'istruzione switch che seleziona un messaggio per un determinato numero di ticket:

```cpp
switch (numero_ticket)
{
case 147:
 std::cout << "Hai vinto il primo premio!";
 break;
case 387:
 std::cout << "Hai vinto il secondo premio!";
 break;
case 29:
 std::cout << "Hai vinto il terzo premio!";
```

```
  break;
default:
  std::cout << "Ci dispiace, non hai
vinto.";
  break;
}
```

L'istruzione switch è più difficile da descrivere
che da usare. La selezione di un caso
particolare è determinata dal valore
dell'espressione intera tra le parentesi che
seguono la parola chiave switch. In questo
esempio, è semplicemente la variabile intera
numero_ticket. Le scelte possibili in
un'istruzione switch vengono visualizzate in
un blocco e ogni scelta è identificata da un
valore case. Un valore case viene visualizzato
in un'etichetta, che è della seguente forma:

```
case valore:
```

Questa è chiamata etichetta del case perché
etichetta le istruzioni o il blocco di istruzioni
che precede. Le istruzioni che seguono una

particolare etichetta del case vengono eseguite se il valore dell'espressione di selezione è uguale a quello del valore case.

Ogni valore case deve essere univoco ma non è necessario che i valori siano in un ordine particolare, come dimostra l'esempio. Ogni valore case deve essere un'espressione costante, che è un'espressione che il compilatore può valutare in fase di compilazione. I valori case sono per lo più letterali o variabili `const` inizializzate con letterali. Naturalmente, qualsiasi etichetta del case deve essere dello stesso tipo dell'espressione di condizione all'interno del precedente `switch()` o essere convertibile in quel tipo. L'etichetta predefinita nell'esempio identifica il caso predefinito, che è un caso che viene usato se nessuno degli altri casi è stato selezionato. Se presente, l'etichetta `default` non deve essere necessariamente l'ultima etichetta.

Lo è spesso, ma in linea di principio può apparire ovunque tra le normali etichette dei case. Inoltre, non è necessario specificare un caso predefinito. Se non lo fai e nessuno dei valori del caso è selezionato, l'opzione non fa nulla.

L'istruzione `break` che appare dopo ogni serie di istruzioni `case` è essenziale per la logica qui. L'esecuzione di un'istruzione `break` esce dall'opzione e fa sì che l'esecuzione continui con l'istruzione che segue la parentesi graffa di chiusura. Se ometti l'istruzione `break` per un caso, verranno eseguite le istruzioni per il caso seguente. Si noti che non abbiamo bisogno di un'interruzione dopo il case finale (di solito il case `default`) perché l'esecuzione lascia comunque lo `switch` a questo punto.

È una buona norma di programmazione includerlo, tuttavia, perché protegge dal rischio di cadere accidentalmente in un altro case che potresti aggiungere in seguito. `switch`, `case`, `default` e `break` sono tutte parole chiave.

Verifica le tue abilità

1. Scrivi un altro programma che richieda l'immissione di due numeri interi. Qualsiasi numero negativo o zero deve essere rifiutato quindi controlla se uno dei numeri (strettamente positivi) è un multiplo esatto dell'altro. Ad esempio, 63 è un multiplo di 1, 3, 7, 9, 21 o 63. Nota che che l'utente dovrebbe essere autorizzato a inserire i numeri in qualsiasi ordine. Cioè, non importa se l'utente inserisce per primo il numero più grande o quello più piccolo; entrambi dovrebbero funzionare correttamente!

2. Scrivi un programma che determini, utilizzando solo l'operatore condizionale, se un numero intero immesso ha un valore uguale o

inferiore a 20, è maggiore di 20 ma non maggiore di 30, è maggiore di 30 ma non superiore a 100, o è maggiore di 100.

3. Crea un programma che richieda l'immissione di un numero (sono consentiti numeri non interi) compresi tra 1 e 100. Utilizzare un se nidificato, prima per verificare che il numero sia all'interno di questo intervallo e poi, in caso affermativo, determinare se è maggiore, minore o uguale a 50. Il programma dovrebbe fornire un risultato su ciò che è stato trovato.

Capitolo 7: Array

Le variabili create fino ad ora possono memorizzare solo un singolo elemento di dati del tipo specificato: un numero intero, un valore a virgola mobile, un carattere o un valore `bool`. Un array memorizza diversi elementi di dati dello stesso tipo. È possibile creare un array di numeri interi o un array di caratteri (o in effetti un array di qualsiasi tipo di dati) e possono essere tanti quanti ne consente la memoria disponibile.

Un array è una variabile che rappresenta una sequenza di posizioni di memoria, ciascuna delle quali memorizza un elemento di dati dello stesso tipo di dati. Supponiamo, ad esempio, di aver scritto un programma per calcolare la temperatura media. Ora si desidera estendere il programma per calcolare quanti campioni sono al di sopra di quella media e quanti sono al di sotto. Dovrai conservare i dati di esempio originali per farlo, ma memorizzare ogni elemento in una variabile separata sarebbe difficile da codificare e davvero poco pratico. Un array fornisce i mezzi per farlo facilmente.

È possibile memorizzare 366 campioni di temperatura in un array definito come segue:

```
double temperature[366]; // Definisce un
array di 366 temperature
```

Definisce un array con il nome temperature per memorizzare 366 valori di tipo double. I valori dei dati sono chiamati elementi. Il numero di elementi specificato tra le parentesi è la dimensione della matrice. Gli elementi dell'array non sono inizializzati in questa istruzione, quindi contengono valori inutili al momento.

La dimensione di un array deve sempre essere specificata utilizzando un'espressione intera costante. Può essere utilizzata qualsiasi espressione intera che il compilatore può valutare in fase di compilazione, sebbene per lo più si tratterà di un valore letterale intero o di una variabile intera `const` che a sua volta è stata inizializzata utilizzando un valore letterale.

Fai riferimento a un elemento dell'array utilizzando un numero intero chiamato indice. L'indice di un particolare elemento dell'array è il suo offset dal primo elemento. Il primo elemento ha un offset di 0 e quindi un indice di 0; un valore di indice di 3 si riferisce al quarto elemento della matrice, tre elementi dal primo. Per fare riferimento a un elemento, inserisci il suo indice tra parentesi quadre dopo il nome dell'array, quindi per impostare il quarto elemento dell'array temperature su 99.0, dovresti scrivere quanto segue:

```
temperature[3] = 99.0; // Imposta il
quarto elemento dell'array su 99
```

Se un array di 366 elementi illustra bene la necessità degli array, immagina solo di dover definire 366 variabili distinte, creare così tanti elementi sarebbe alquanto macchinoso. Vediamo quindi un altro array:

```
unsigned int altezze[6]; // Definisce un
array di 6 altezze
```

Come risultato di questa definizione, il compilatore allocherà sei posizioni di memoria contigue per memorizzare valori di tipo `unsigned int`. Ogni elemento nell'array di altezze contiene un numero diverso. Poiché la definizione di altezza non specifica alcun valore iniziale per l'array, i sei elementi conterranno valori inutili (in modo analogo a ciò che accade se si definisce una singola variabile di tipo unsigned int senza un valore iniziale). È possibile definire l'array con valori iniziali appropriati in questo modo:

```
unsigned int altezze[6] {26, 37, 47, 55,
62, 75}; // Definisce e inizializza un
array di 6 altezze
```

I valori con cui l'array è stato inizializzato potrebbero essere le altezze dei membri di una famiglia, registrate al centimetro più vicino. Ad ogni elemento dell'array verrà assegnato un valore iniziale dalla lista in sequenza, immaginali come dei riquadri. Ciascun riquadro nella figura rappresenta una posizione di memoria contenente un singolo elemento dell'array. Poiché ci sono sei elementi, i valori di indice vanno da 0 per il primo elemento a 5 per l'ultimo elemento.

L'inizializzatore non deve avere più valori di quanti siano gli elementi nell'array; in caso contrario, l'istruzione non verrà compilata. Tuttavia, possono esserci meno valori nell'elenco, nel qual caso gli elementi per i quali non è stato fornito alcun valore iniziale verranno inizializzati con 0 (`false` per un array di elementi `bool`). Ecco un esempio:

```
unsigned int altezze[6] {26, 37, 47}; //
Valori degli elementi: 26 37 47 0 0 0
```

Gli elementi della matrice partecipano alle espressioni aritmetiche come le altre variabili. Potresti sommare i primi tre elementi dell'array in questo modo:

```
unsigned int somma {};
somma = altezze[0] + altezze[1] +
altezze[2];
```

In un'espressione vengono utilizzati riferimenti a singoli elementi dell'array come normali variabili intere. Come hai visto in precedenza, un elemento dell'array può essere a sinistra di un'assegnazione per impostare un nuovo valore, quindi puoi copiare il valore di un elemento in un altro in un'assegnazione, in questo modo:

```
altezze[3] = altezze[2];
```

Tuttavia, non puoi copiare tutto l'elemento valori da un array agli elementi di un altro in un'assegnazione. Puoi operare solo su singoli elementi e per copiare i valori di un array in un altro, è necessario copiare i valori uno alla volta. Quello di cui hai bisogno è un loop ovvero un semplice ciclo.

Capitolo 8: Loop

Un ciclo è un meccanismo che consente di eseguire ripetutamente un'istruzione o un blocco di istruzioni finché non viene soddisfatta una particolare condizione. Due elementi essenziali compongono un ciclo: l'istruzione o il blocco di istruzioni che deve essere eseguito ripetutamente forma il cosiddetto "corpo del ciclo" e una condizione del ciclo che determina quando smettere di ripetere il ciclo. Una singola esecuzione del corpo di un ciclo è chiamata iterazione.

Una condizione di un loop può assumere forme diverse per fornire modi diversi di controllare il loop. Ad esempio, una condizione può fare quanto segue:

- Eseguire un ciclo un dato numero di volte

- Eseguire un ciclo fino a quando un dato valore supera un altro valore
- Eseguire un ciclo fino a quando un particolare carattere non viene inserito dalla tastiera
- Eseguire un ciclo per ciascuno elemento in una raccolta di elementi

Scegli la condizione del ciclo in base alle circostanze. Sono disponibili le seguenti varietà di cicli:

- Il ciclo `for` fornisce principalmente l'esecuzione del ciclo un numero di volte prestabilito, ma oltre a questo vi è una notevole flessibilità.
- Il ciclo `for` basato su intervallo (range-based) esegue un'iterazione per ogni elemento in una raccolta di elementi.

- Il ciclo `while` continua l'esecuzione fino a quando una condizione specificata è vera. La condizione viene verificata all'inizio di un'iterazione, quindi se la condizione inizia come falsa, non vengono eseguite iterazioni del ciclo.

- Il ciclo `do-while` continua ad essere eseguito fintanto che una data condizione è vera. Questo differisce dal ciclo `while` in quanto il ciclo `do-while` controlla la condizione alla fine di un'iterazione. Ciò implica che viene eseguita sempre almeno un'iterazione del ciclo.

for

Il ciclo `for` generalmente esegue un'istruzione o un blocco di istruzioni un numero predeterminato di volte, ma è possibile utilizzarlo anche in altri modi. Si specifica come funziona un ciclo `for` utilizzando tre espressioni separate da punto e virgola, il tutto tra parentesi che seguono la parola chiave `for`. Puoi omettere una o tutte le espressioni che controllano un ciclo `for`, ma devi sempre includere il punto e virgola.

L'espressione di inizializzazione viene valutata solo una volta, all'inizio del ciclo. Successivamente viene verificata la condizione del ciclo e, se è vera, viene eseguita l'istruzione o il blocco di istruzioni del ciclo. Se la condizione è falsa, il ciclo termina e l'esecuzione continua con l'istruzione dopo il ciclo. Dopo ogni esecuzione dell'istruzione o del blocco del ciclo, viene valutata l'espressione di iterazione e viene controllata la condizione per decidere se il ciclo deve continuare.

Nell'uso più tipico del ciclo for, la prima espressione inizializza un contatore, la seconda espressione controlla se il contatore ha raggiunto un determinato limite e la terza espressione incrementa il contatore. Ad esempio, potresti copiare gli elementi da un array a un altro in questo modo:

```
double mm_pioggia[12] {1.1, 2.8, 3.4,
3.7, 2.1, 2.3, 1.8, 0.0, 0.3, 0.9, 0.7,
0.5};
double copia[12] {};
for (size_t i {}; i < 12; ++i) // i
varia da 0 a 11
{
  copia[i] = mm_pioggia[i]; // Copia i-
esimo elemento di mm_pioggia nell'i-
esimo elemento di copia
}
```

La prima espressione definisce `i` di tipo `size_t` con un valore iniziale di 0. È possibile ricordare il tipo `size_t` dai valori restituiti dall'operatore `sizeof`. È un tipo intero senza segno che viene generalmente utilizzato, ad esempio, per dimensioni o per il conteggio delle cose. Poiché `i` sarà usato per indicizzare gli array, l'uso di `size_t` ha senso. La seconda espressione, la condizione del ciclo, è vera fintanto che `i` è minore di 12, quindi il ciclo continua finché `i` è minore di 12. Quando i raggiunge 12, l'espressione sarà falsa, quindi il ciclo termina. La terza espressione incrementa `i` alla fine di ogni iterazione del ciclo, quindi il blocco del ciclo che copia l'elemento i-esimo da `mm_pioggia` a `copia` verrà eseguito con valori di `i` compresi tra 0 e 11.

for range-based

Il ciclo `for` basato su intervallo (range-based) esegue l'iterazione su tutti i valori in un intervallo di valori. Ciò pone la domanda immediata: che cos'è un intervallo? Un array è un intervallo di elementi e una stringa è un intervallo di caratteri. Questa è la forma generale del ciclo for basato su intervallo:

```
for([inizializzazione;]
dichiarazione_range:   espressione_range)
istruzione o blocco del ciclo;
```

Le parentesi quadre sono solo di riferimento e indicano che la parte di inizializzazione è facoltativa. La possibilità di aggiungere un'istruzione di inizializzazione ai cicli `for` basati su intervalli è stata aggiunta in C++ 20 ed è opzionale e completamente analoga a quella dei normali cicli `for`. Puoi usarlo per inizializzare una o più variabili che puoi quindi usare nel resto del ciclo for basato su intervallo. L'espressione_range identifica l'intervallo che è l'origine dei dati e dichiarazione_range identifica una variabile a cui verrà assegnato a turno ciascuno dei valori in questo intervallo, con un nuovo valore assegnato a ogni iterazione. Questo sarà molto più chiaro con un esempio, considera queste istruzioni:

```
int valori [] {2, 3, 5, 7, 11, 13, 17,
19, 23, 29};
int totale {};
for (int x : valori)
 totale += x;
```

Alla variabile x verrà assegnato un valore dalla matrice valori ad ogni iterazione. Gli verranno assegnati i valori 2, 3, 5 e così via, in successione. Pertanto, il ciclo accumulerà la somma di tutti gli elementi nella matrice in `totale`. La variabile x è locale al ciclo e non esiste al di fuori di esso.

while

Il ciclo `while` utilizza un'espressione logica per controllare l'esecuzione del corpo del ciclo. È possibile utilizzare qualsiasi espressione per controllare il ciclo, purché restituisca un valore di tipo `bool` o possa essere convertito implicitamente in tipo `bool`. Se l'espressione della condizione del ciclo restituisce un valore numerico, ad esempio, il ciclo continua fintanto che il valore è diverso da zero, infatti, un valore pari a zero termina il ciclo.

```
import <iostream>;
import <format>;
int main()
{
 unsigned int limite {};
 std::cout << "Questo programma calcola
n! e la somma degli interi fino a n per
valori da 1 a limite.\n";
 std::cout << "Quale limite superiore
vorresti per n? ";
 std::cin >> limite;
 // Formatto tutte le righe della
tabella
```

```cpp
const auto table_format = "{:>8} {:>8}
{:>20}\n";
// Stampo l'intestazione delle colonne
std::cout << std::format(table_format,
"intero", "somma", "fattoriale");
unsigned int n {};
unsigned int somma {};
unsigned long long fattoriale {1ULL};
while (++n <= limite)
{
  somma += n; // Accumula somma
all'attuale n
  fattoriale *= n; // Calcola n! per
l'attuale n
  std::cout << std::format(table_format,
n, somma, fattoriale);
 }
}
```

Le variabili n, somma e fattoriale sono
definite prima del ciclo. Qui i tipi di variabili
possono essere diversi, quindi n e somma sono
definiti come unsigned int. Il valore massimo
memorizzabile in fattoriale limita il calcolo,
quindi questo rimane di tipo unsigned long
long. A causa del modo in cui viene
implementato il calcolo, il contatore n viene
inizializzato a zero. La condizione del ciclo

`while` incrementa `n` e quindi confronta il nuovo valore con `limite`. Il ciclo continua fintanto che la condizione è vera, quindi il ciclo viene eseguito con valori di `n` da 1 fino a `limite`. Quando `n` raggiunge `limite` + `1`, il ciclo termina.

do-while

Il ciclo do-while è simile al ciclo while in quanto il ciclo continua fintanto che la condizione di ciclo specificata rimane vera. L'unica differenza è che la condizione del ciclo viene verificata alla fine del ciclo do-while, piuttosto che all'inizio, quindi il corpo del ciclo viene sempre eseguito almeno una volta.

È da notare che il punto e virgola che segue la condizione tra parentesi ed è assolutamente necessario. Se non dovessi rispettare questa regola, il programma non verrà compilato.

Questo tipo di logica è ideale per le situazioni in cui si dispone di un blocco di codice che si desidera eseguire sempre una volta e, eventualmente, si desidera eseguirlo più di una volta. Possiamo dire che non sei convinto di averne bisogno quindi diamo un'occhiata a un altro esempio.

Questo programma calcolerà la media di un numero arbitrario di valori di input, ad esempio le temperature, senza memorizzarli. Non hai modo di sapere in anticipo quanti valori verranno inseriti ma è lecito ritenere che ne avrai sempre almeno uno, perché se non lo avessi, non avrebbe senso eseguire il programma.

Questo lo rende un candidato ideale per un ciclo di do-while. Ecco il codice:

```
int main ()
{
  char risposta {}; // Memorizza la
risposta alla richiesta di input
  int contatore {}; // Conta il numero
di valori di input
  double temperatura {}; // Memorizza un
valore di input
  double totale {}; // Memorizza la
somma di tutti i valori di input
  do
  {
```

```
    std :: cout << "Immettere una
temperatura:"; // Richiedi input
    std :: cin >> temperatura; // Legge
il valore di input
    totale += temperatura; // Somma il
totale dei valori
    ++contatore; // Incrementa il
contatore
    std :: cout << "Vuoi inserirne un
altro? (s / n):";
    std :: cin >> risposta; // Recupera
la risposta
  } while (std::tolower(risposta) ==
's');
    std :: cout << "La temperatura media
è" << totale / contatore << std::endl;
}
```

Questo programma gestisce un numero qualsiasi di valori di input senza la conoscenza preliminare di quanti ne saranno inseriti. Dopo aver definito le quattro variabili richieste per l'input e il calcolo, i valori dei dati vengono letti in un ciclo continuo. Viene letto un valore di input a ogni iterazione del ciclo e la risposta al prompt memorizzato in risposta determina se il ciclo debba terminare. Se la risposta è s o s, il ciclo continua; in caso contrario, il ciclo termina.

L'uso della funzione `std::tolower()` da `<cctype>` garantisce che siano accettate le maiuscole o le minuscole. Un'alternativa all'uso di `tolower()` nella condizione del ciclo è usare un'espressione più complessa per la condizione. Potresti esprimere la condizione come `risposta == 's' || risposta == "S"`. Questo esegue l'OR dei due valori `bool` che risultano dai confronti in modo che immettendo una s maiuscola o minuscola, la condizione risulterà vera.

Verifica le tue competenze

1. Scrivi un programma che calcoli i quadrati degli interi dispari da 1 fino a un limite inserito dall'utente.

2. Scrivi un programma che utilizzi un ciclo `while` per calcolare la somma di un numero arbitrario di numeri interi immessi dall'utente. Dopo ogni iterazione, chiedere all'utente se ha finito di inserire i numeri. Il programma dovrebbe produrre il totale di tutti i valori e la media complessiva come valore in virgola mobile.

3. Crea un programma che utilizzi un ciclo per contare il numero di caratteri (non spazi vuoti) immessi su una riga. Il conteggio dovrebbe terminare quando viene trovato il primo carattere `#`.

www.ingramcontent.com/pod-product-compliance
Lightning Source LLC
LaVergne TN
LVHW051711050326
832903LV00032B/4144